AF340312

Lk 1772.

PLAN DU COUVENT DES CORDELIERS.

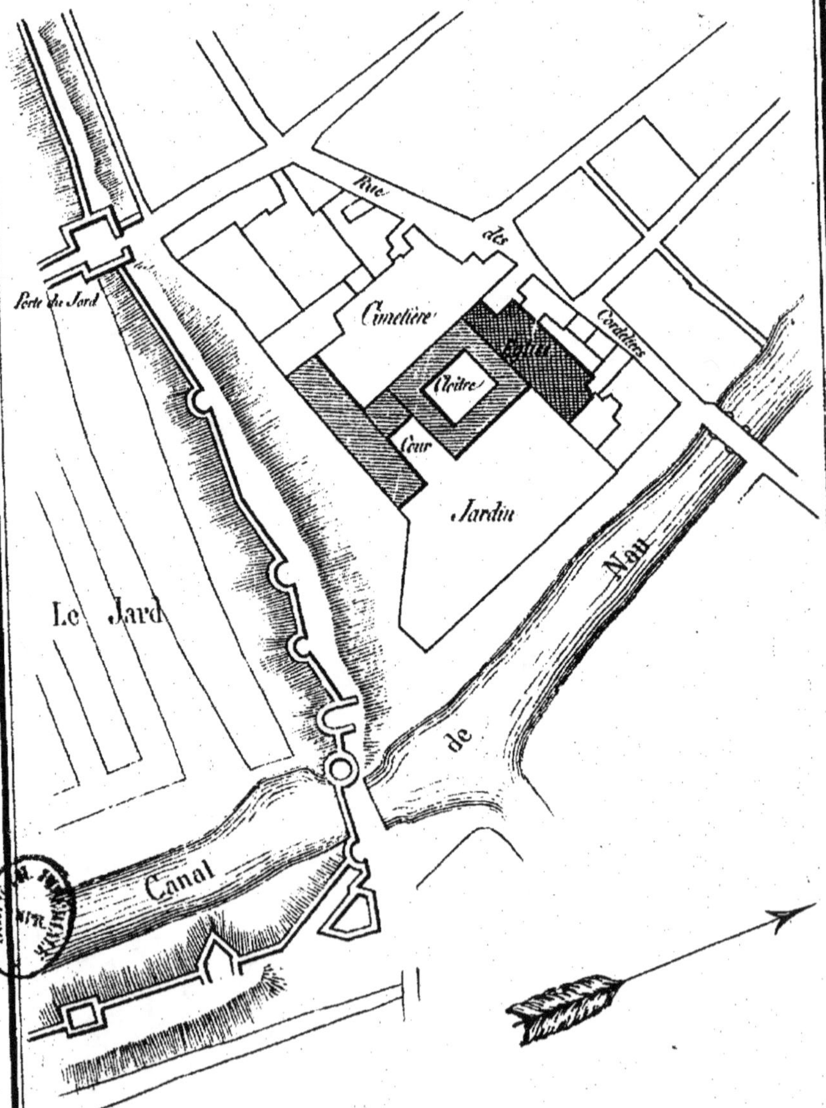
Porte du Jard
Rue
des
Cordeliers
Cimetière
Eglise
Cloître
Cour
Jardin
Le Jard
Nau
de
Canal

1430.

Lith. Barbat, Châlons.

CHALONS

PENDANT

L'INVASION ANGLAISE

1338 — 1453

Par M. EDOUARD DE BARTHELEMY,

Correspondant des Comités historiques,
Inspecteur des monuments historiques de la Meuse, membre de la Société d'archéologie lorraine,
de la Commission d'archéologie de la Marne, etc.

Octobre 1851.

CHALONS,

IMPRIMERIE-LIBRAIRIE DE T. MARTIN, PLACE DU MARCHÉ-AU-BLÉ.

1851.

CHALONS

PENDANT

L'INVASION ANGLAISE.

—◆—

1338 — 1453.

———

Ce fut une triste et malheureuse époque que celle où la France presque tout entière se trouva entre les mains des Anglais. Leur domination s'étendit partout, et la Champagne fut une des premières provinces envahies. Quelques mots sont nécessaires pour rappeler les causes et les commencements de cette guerre désastreuse.

Edouard III, roi d'Angleterre, avait vu avec peine la couronne de France passer sur la tête de Philippe de Valois; prétendant, en dépit de la loi salique, avoir des droits sur elle du chef de sa mère, Isabelle, fille de Philippe-le-Bel, il attendait une occasion pour déclarer la guerre, et la chercha d'abord en détrônant David Bruce, roi d'Ecosse et allié de Philippe de Valois. Mais un autre motif ne tarda pas à se présenter. La France et l'Angleterre, arrivées à un égal degré de civilisation, ayant des mœurs et un langage semblables, formaient un monde à part au milieu de l'Europe, et avaient pour intermédiaire la Flandre, pays attaché à la France par le lien féodal et à l'Angleterre par ses intérêts commerciaux. La Flandre était le champ de bataille où les deux rois devaient se rencontrer. Philippe IV avait vainement essayé une réunion complète de ce duché à sa couronne ; le lien féodal seul existait toujours ferme et sérieux, et Louis de Nevers était tout dévoué au roi de France. Le commerce des Flamands se composait surtout des draperies, pour lesquelles ils achetaient des laines en Angleterre. Philippe IV ayant ordonné à Louis de Nevers de saisir tous les Anglais commerçant dans ses États, Edouard III répondit en défendant l'exportation des laines, ce qui condamna les métiers de la Flandre à une entière inactivité. C'est alors que Jacques Arteweld, brasseur de Gand, souleva ses compatriotes : Louis de Nevers fut chassé, et Edouard débarqua avec une armée à Anvers après avoir sommé Philippe de Valois de lui rendre la couronne de France (1338). L'année suivante, il pénétra jusques à l'Oise. A dater de ce moment, les troupes anglaises ne quittèrent plus le sol français, étendant chaque jour leurs conquêtes, et repoussant les généreux efforts de notre noblesse par de sanglantes défaites. C'est alors que furent livrées les glorieuses, mais désastreuses batailles de l'Écluse (1336) et de Crécy (1346). La guerre de Bretagne vint mettre le comble à la désorganisation du pays, qui s'aggrava encore quand le roi Jean eut été emmené prisonnier à Londres avec l'élite de ses gentilshommes. A ce terrible combat de Poitiers fut tué Renard, évêque de Châlons, qui commandait une division de la cavalerie royale (1). Au milieu de ces troubles naquit la *Jacquerie*, cette guerre sociale qui acheva d'entasser ruines sur ruines en France, et qui trouva un déplorable appui près de Marcel, e prévôt des marchands. Les États, rassemblés à Paris au commencement de 1358, durent plier sous

(1) *Gallia Christiana.* Tome IX, col. 892.

la pression de ce rebelle; on n'y voyait guère que des bourgeois et des clercs, car la noblesse se ralliait plus étroitement
à la cause royale. Henri de Bar, capitaine de Châlons, élu par
les gentilshommes de sa province, s'y rendit cependant (12
février) [1]. Tandis que ses collègues montraient la plus lâche
servilité pour Marcel, Henri faisait preuve de la plus énergique
résistance pour la défense de la royauté; ce dévouement devait
lui coûter la vie. Marcel ayant proposé à l'assemblée munici-
pale de Paris de tuer les traîtres qui entouraient le dauphin-
régent, sa motion fut acceptée; on réunit à la hâte les milices
au son du beffroi, et Marcel, avec une compagnie bourgeoise,
marcha sur l'hôtel du prince, qui avait alors près de lui les
maréchaux de Champagne et de Normandie (22 février). Après
avoir demandé à Charles s'il voulait mettre fin aux troubles du
royaume, et en avoir reçu une réponse embarrassée, Marcel
fit un signe à ses gens qui massacrèrent les deux maréchaux
et plusieurs de ceux qui les environnaient (2) : Henri de Bar
fut de ce nombre. L'année suivante, les États de Champagne,
réunis à Provins, demandèrent vengeance de ce meurtre à
Charles V; mais les circonstances graves où se trouvait la mo-
narchie ne permirent pas de revenir sur le passé. Marcel était
le maître de la France avec Charles-le-Mauvais, roi de Navarre,
et le dauphin s'était réfugié à Meaux; peu auparavant il était
venu à Châlons et y avait été reçu avec les marques de la plus
sincère affection (1357). C'est à ce moment que remonte la
première invasion anglaise dans la Champagne. En 1358,
Robert Knolles se jeta sur le Rémois, et alla ensuite dévaster
les environs de Sézanne, d'Epernay et de Vertus, où il ne

(1) Henri de Bar était très-aimé du dauphin-régent, qui l'appelait
son cousin dans ses lettres.

(2) Froissard. Tome III, page 287. — Mézerai.

laissa pas une abbaye debout. Il s'empara d'un grand nombre de châteaux et les donna à ses capitaines, avec ordre de s'y maintenir et de faire de fréquentes incursions sur les localités environnantes. Ceux qui se trouvèrent ainsi les plus voisins de Châlons étaient Pierre d'Andelle, capitaine du château de Beaufort, près de Troyes, et le sire d'Auberticour. D'Andelle, dit Froissard, que je vais laisser parler, courait presque tous les jours jusques aux portes de Châlons (1). Il saisit le moment où les grandes chaleurs avaient mis la Marne presqu'à sec, et ayant réuni environ quatre cents hommes, il partit de Beaufort un soir d'août « et chevauchèrent tant qu'à minuit ils furent » à la Marne où ils laissèrent leurs chevaux à leurs varlets et » passèrent l'eau à gué », ils pénétrèrent dans les cours de l'abbaye de Saint-Pierre. Les gardes de nuit entendirent bien quelque bruit « car aussitôt que les Navarrois passoient, leurs » armures sonnoient et retentissoient : de quoy les plusieurs » qui cela oyoient s'en émerveilloient que ce pouvoit être », car ils ne pouvaient croire à une attaque si hardie et si imprévue. Bientôt cependant les ennemis, que ce silence enhardissaient, s'avancèrent, et les gardes de la rue Saint-Pierre s'écrièrent : « Par le corps Dieu, voicy les Navarrois et les » Anglois qui viennent pour nous écheller et prendre, or tôt! » or tôt! » Les bourgeois, éveillés, s'armèrent à la hâte en criant : « trahis! trahis! à l'arme! » mais privés de commandant, ils s'avancèrent sans ordre et les premiers furent massacrés (2). Cependant la milice s'assembla et parvint à repousser

(1) Froissard. Li re I, chap. 89. Tout ce qui est entre guillemets, dans ce récit, est copié sur le texte de cet historien.

(2) Le capitaine Pierre de Bar avait quitté Châlons peu de jours auparavant, avec sa compagnie de cent lances qui y tenait garnison, faute de paiement.

les ennemis jusqu'au pont de Marne, après l'avoir coupé « et
» leur valut grandement. Là eut à ce pont rué et lancé et trait
» et escarmouchés et fait maintes appertués d'armes. En celle
» riote cependant furent-ils jusques à midy. » Et les bourgeois
perdaient peu à peu du terrain, quand Eudes de Grancey
« qui avait eu vent de la chose » arriva près du port, suivi
des sires de Jaucourt, de Beaupré, de Germillon et de
soixante lances. Il fit déployer sa bannière et chargea rude-
ment les assaillants « qui sentant assez qu'ils avoient failli à
» leur entente et que le séjourner ne leur étoit point prouffi-
» table, se retrairent tout bellement et tout sagement petit à
» petit, et prirent la voie qu'ils étoient venus quand ils entrè-
» rent dedans, et issèrent hors de Saint-Pierre. Si trouvèrent
» sur le rivage de Marne leurs chevaux amenés par leurs var-
» lets; si montèrent sus et retournèrent arrière à petit conquêt
» devers Beaufort. » Les Châlonnais, enchantés du secours du
sire de Grancey, donnèrent cinq cents livres tournois à ses
gens, et conservèrent près d'eux un des seigneurs qui l'avaient
accompagné, le sire de Saulx, pour en faire leur capitaine (1).

Pendant ce temps, Edouard III avait levé le siége de Reims,
qu'il attaquait depuis longtemps sans succès, et se dirigea sur
Troyes, après avoir encore fait une vaine tentative contre
Châlons (2). Les villes de Châlons et de Reims venaient de
constituer une ligue entre elles, pour s'aider et se soutenir (3),
quand le traité de Brétigny vint mettre fin pour quelque temps

(1) Saulx était un château entre Langres et Dijon.

(2) Mézerai. — Dom Marlot, *Histoire de Reims*, livre IV, chapitre XVII.

(3) Gaufbier de Chatillon, gouverneur de Reims, et Baudouin de
La Bove, pour Châlons, signèrent cet acte. « Beneplacito delphini
» Viennensis. » Dom Marlot. Livre IV, chap. XVI.

à la guerre étrangère, sans pour cela apporter le moindre soulagement à la lutte sociale qui continuait de désoler la France (1360). Il fut stipulé dans ce traité que trente-huit ôtages seraient envoyés en Angleterre et fournis par les dix-neuf principales villes de France : on en prit deux parmi les Châlonnais (1).

Le roi Jean mourut en 1362, et la couronne passa à son fils, Charles V, qui gouvernait depuis longtemps ; les premières années de son règne furent employées à réprimer autant que possible les désordres des grandes compagnies, puis la guerre se ralluma (1368), mais cette fois avec succès pour nos armées, qui regagnèrent promptement une grande partie des provinces perdues. Les bandes des routiers et les Anglais n'en continuaient pas moins à parcourir le pays, laissant partout des traces de leur funeste passage. Le gouvernement, occupé de la guerre, était entièrement impuissant pour ramener un état de choses régulier ; tout semblait réuni d'ailleurs pour jeter le trouble et la confusion, quand la démence de Charles VI, qui avait succédé à Charles V en 1380, vint de nouveau enlever tout espoir de salut. Pendant ce temps, les Châlonnais cherchaient à se mettre à l'abri de nouvelles surprises, et dans les lettres du roi et les registres de la ville, on ne voit, durant la fin du XIVᵉ siècle, que des devis de travaux de fortification et de réparation. Une charte de Charles V, du 25 janvier 1373, donne de curieux renseignements sur l'état de pauvreté et de misère où les guerres avaient réduit notre ville : « En consi-
» dération, dit-elle, des grands frais et dépens faicts par les

(1) Lettres du roi, datées de Paris du 12 mai 1361, par lesquelles les villes de Sainte-Menehould, de Vitry, de Saint-Dizier et de Chaumont sont taxées à cent cinquante livres chacune « si longuement que les » hostages de la ville de Chaalons seroient en Angleterre, et ladicte » ville de Chaalons pour le surplus des frais desdits hostages. »

» Châlonnais pour fermer et fortifier ladicte ville, y tenir ca-
» pitaine et gens de guerre pour la sûreté d'icelle et du pays ;
» et aussi que par inondation d'eau y advenue au mois de jan-
» vier précédent, une grande partie d'icelle est tombée en
» ruines et le reste en fort grand péril, etc. », le roi accordait un secours de deux mille livres. Peu après, Charles VI
autorisait certains droits d'octroi temporaires, mais toujours
renouvelés, pour subvenir aux frais des fortifications (31
juillet 1383) (1). De leur côté les seigneurs temporels y con-
tribuaient et l'évêque alla jusqu'à offrir de laisser abattre une
partie de son palais pour l'établissement d'un chemin couvert.
Grâce à ces prudentes précautions, les Anglais s'étant encore
approchés de Châlons en continuant leurs luttes de partisans,
ne purent y pénétrer, mais ils s'emparèrent de l'abbaye de
Toussaint, qui était hors des murs, et la brûlèrent après l'avoir
pillée (1392).

Les affaires, au lieu de s'améliorer, allaient de plus mal en
plus mal : les discordes des maisons de Bourgogne et d'Orléans,
dont les chefs prétendaient chacun à la régence pendant la démence du roi, allumèrent une guerre civile bien plus déplorable encore que la guerre étrangère, qui par là aussi prenait
un développement facile. L'assassinat du duc d'Orléans (1407)
amena celui de Jean-sans-Peur et le honteux traité de Troyes
qui livra la France une seconde fois aux Anglais (1419-1420).
En 1413, sous l'influence du comte d'Armagnac, le roi adressa
aux Châlonnais une commission pour les prier de maintenir
leur ville sous son obéissance et de n'y laisser séjourner « au-

(1) Archives de l'hôtel de ville. — Chaque queue de vin entrant payait
vingt deniers tournois, dix deniers pour celles de viandes ; chaque char-
rette, un denier parisis ; de plus, on devait au conseil des fortifications
le huitième du produit des vins vendus au détail dans l'intérieur de la
ville.

» cuus plus forts qu'eux, soit prince de notre sang ou aultres,
» s'ils n'ont lettres de nous » (9 mai). En même temps le
bailli de Vermandois recevait l'ordre de convoquer l'arrière-
ban pour combattre les Bourguignons. Trois ans après, le duc
de Bourgogne reprenait le pouvoir, faisait massacrer les d'Armagnac et imposait son joug à l'infortuné Charles VI, qui ne
savait que céder et obéir comme un enfant. Châlons prit chau-
dement parti pour Jean-sans-Peur, qui était cependant assez
favorable aux Anglais. Le duc y envoya des députés en 1417,
et une assemblée eut lieu, qui adhéra complètement à son
parti (7 août) (1). L'année suivante Charles VI adressa des

(1) A tous ceulx qui ces presentes lettres verront ou oriont, Girard
Tonguel, sire de Fellecourt et de Villers-le-Secq, conseiller de révérend
père en Dieu et hault et puissant prince monseigneur le cardinal duc de
Bar, marquis de Pont, seigneur de Cassel, administrateur perpétuel de
l'evesché et conté de Chaalons, et son bailly audict Chaalons, salut.
Sachent tuit que le septième jour du mois d'aoust 1417, en la presence
de notre amé et féal Pierre Gobaille, tabellion juré de la loge de Chaalons, estably et depputé à ce faire par ledict seigneur ; furent presents
en leur personne nobles et puissants seigneurs, messeigneurs Loys de
Chalon, seigneur d'Arquel, Thibault, seigneur de Neufchatel, Jehan de
Neufchastel, seigneur de Montaigu, messire Guillaume, seigneur de
Chastelvillain, Claude, seigneur de Chastelus, Jehan, seigneur de
Rochefort, Jehan, seigneur de Thoulongeon, Gauthier de Ruppé,
seigneur de Soye, frère Hugues Darcy, commandeur de Chaalons, messire Guy de Bar, seigneur de Proeles, Girard, seigneur de la Guiche,
et plusieurs autres seigneurs, chevaliers et estimés du pays et de hault
et puissant prince monseigneur le duc de Bourgogne ; ceulx disant et
portant envoiés et ce de par le roy et mondit seigneur le duc de Bourgogne, estant en la place du Marchié de Chaalons et par leur ordon-
nance en présence de tous ou la plus grant partie des gens de l'eglise,
gouverneurs, bourgeois et habitants de ladicte ville de Chaalons, come
faisant la plus grant et seine partie desdicts clergié, bourgeois et habitants dudict lieu. Lecquès assemblés par lordonnance et commandement

lettres « à ses chers et bien amés les bourgeois, manans et
» habitans des ville et cité de Chaalons, pour louer leur déter-
» mination et blâmer le faux et déloyal gouvernement de feu
» Bernard d'Armagnac et de ses alliés et complices qui, par
» convoitise dampnable, avoient emparé le gouvernement de
» nostre seigneurie, tenoient en subjection nous et nostre très-
» chier et très amé aisné fils le daulphin de Viennois, et avoient

de mesdits seigneurs dessus nommés, furent publiquement et à haulte
voix leues les lettres patentes de mondit seigneur le duc, aux quelles
ces presentes sont annexées, et ce offrirent tous les dessus dits chevaliers
et estimés de faire tout le plaisir, confort et aide quils pourroient ausdits
clergié, bourgeois et habitants. Et après lesdits clergié, gouverneurs,
bourgeois et habitants dirent à haulte voix que eulx recongnoissans la
grande loyaulté et bonne affection que mondit seigneur de Bourgogne
avoit au bien du roy et de la chose publique de ce royaulme, se ad-
joignoient avecques lui à lacomplissement du contenu esdictes lettres,
jurèrent et promirent par leurs serments, les mains eslevées contre
leglise, que de tout leur pouvoir ils aideroient et conforteroient mondit
seigneur le duc audit acomplissement et à mettre à fin et rentenir sa
voulonté. Ainsy que plus aplani est contenu esdictes lettres sans aucun
deffaut et sans vaine encontre en aucune manière. Et avecques ce fu
par lesdits clergié, bourgeois et habitants consenti et accordé que par
lesdits seigneurs, chevaliers et estimés seroient pris et appelez avecques
eulx maistre Gilles de Pacy, Jehan de Sonleville, doyen de Joinville en
leglise de Chaalons, Jehan de Lintelles, advocat, Symon Halet, Jehan
de Barbonne, Laurent Contet, Flourens de la Saulx, Jehan Mi..., Hemart
si Sayne et Collesson le Parent, du clergié, gouverneurs, bourgeois et
habitants de ladite ville de Chaalons, par eulx nommés et esleus; feuct
pourveu au gouvernement de ladite ville et à tout ce qui seroit expé-
dient et prouffitable pour les choses dessus dites et leurs deppendances,
entretenir et mettre à exécution selon ladvis deulx et desdits esleus. En
requerant en oultre que monseigneur frère Pierre de Beffroimon (*Beauffremont*), grand prieur de France, feut ordonné à la garde et cappitainerie de ladite ville de Chaalons, en lieu de monseigneur Eustache de
Conflans; jurèrent aussy lesdites gens d'eglise, gouverneurs, esleus,

» mis hors de nostre compaignie et envoyé loing de nous
» comme en exil nostre très chière et très amée compaigne la
» royne. » Il approuve ensuite ce qu'avait fait le duc de Bourgogne, engage ses sujets à obéir en tout à ce prince, et finit
en disant : « Tout ce que par lesdits gens de Chaalons et des
» pays à l'environ a esté fait en adhérant à la poursuite de
» nostre dit cousin le duc de Bourgogne, avons loué, approuvé,
» rattiffié, louons, approuvons et ratiffions, et avoir très-
» agréable et lui en avoir réputé et réputons par ces présentes
» et par l'advis et délibération de nostre grant conseil, *nos*
» *bons, vrais et loyaulx vassaulx et subjects*, et en mémoire
» de ce lui en voulons avoir à toujours mais estre recommandés
» de vraye et entière obéissance, et ceulx du pays à l'environ
» qui ont pareillement fait (1). » Le même jour, Charles VI

bourgeois et habitants quils seroient bons et loyaulx au roy et à
monseigneur le daulphin et à monseigneur le duc de Bourgogne, que
nul si puissant d'armes ne bouteroient en ladite ville et icelle ne se
rendroient à aucuns quelconque quil fust, ne sur le gouvernement et
administration de ladite ville n'obéiroient sinon au roy, à monseigneur
le daulphin, et de l'exprès consentement de mondit seigneur de Bourgogne et de la commission qui comme dit est y seroit faicte. Et parmi
ce lesdits seigneurs, chevaliers et estimés ont juré et promis, les mains
aussi levées contre l'eglise, que à ceste querelle ils aideront, conforte-
ront et maintiendront lesdites gens d'eglise, gouverneurs, bourgeois et
habitants, envers et contre tous si puissants d'armes et autrement en
toutes manières au bien du roy, de mondit seigneur le daulphin et de
mondit seigneur de Bourgogne, et aussy au bien et service de ladite
ville de Chaalons de tout leur pouvoir et influence devers mondit
seigneur de Bourgogne, qui aussi de son côté ainsi le fera et sur ce leur
enverront lettres de mondit seigneur le duc de Bourgogne pour la seureté
de ladicte ville. De toutes lesquelles lesdits seigneurs ont demandé instam-
ment, et en tesmoingt de ce, nous bailly, etc. — Scellé du sceau du
baillege. — (Archives de la ville.)

(1) Lettres patentes du 7 août 1418. Arch. de l'hôtel de ville.

accordait à la ville, pour ses fortifications, le tiers du produit des biens confisqués sur les Châlonnais partisans des d'Armagnac, et mille livres à prendre sur les arrérages des tailles (1). Le 24 septembre suivant, l'impôt sur l'entrée des vins fut encore augmenté pour les frais de guerre. Ces droits d'octrois furent définitivement réglés par une charte du 16 mars 1427 (2).

La Champagne était alors retombée au pouvoir des Anglais, et le comte de Salisbury, qui en avait été nommé gouverneur, s'empara successivement des principales places : Reims lui avait ouvert ses portes (1421), et contribua de ses deniers à lui soumettre les forteresses voisines. C'est alors que l'Anglais donnait pompeusement le titre de roi de Paris à Henri VI (3),

(1) C'est ainsi que j'ai retrouvé aux archives de la ville les lettres royales ordonnant la vente, au profit de la cité, du tiers des meubles et immeubles de feu Jean de Condé, receveur des aides (7 mai 1419.)

(2) Ces droits furent alors ainsi fixés et renouvelés de deux en deux ans, jusqu'en 1446 : 2 sols pour une queue de vin fromenté, 12 deniers pour une queue de vin de gouest débitée dans la ville, et 2 sols quand elle est vendue au dehors; 12 deniers pour une de harengs ou morue; 6 deniers pour une de draps ou cuirs; 2 deniers pour une pièce de drap au détail; 12 deniers pour une pièce de cuir fort au détail; 6 deniers pour un muid de miel; 2 sols pour une livre de sel prise au grenier-à-sel de la ville. — (Archives de l'hôtel de ville.)

(3) Voici la lettre adressée aux Châlonnais, au nom de ce roi enfant, lors de son avènement :

Henry, par la grâce de Dieu, roy de France et d'Angleterre, à nos chiers et bien amez les gens d'église, capitaine, eschevins, bourgeois, manants et habitants de la ville de Chaalons, salut et parfaite dilection. Il a pleu au roy tout puissant, disposant toutes choses à son plaisir, nous visiter et destituer en très peu de temps de nos très chiers seigneurs et père Charles, roy de France, et Henry, roy d'Angleterre, héritier et régent de France, trespassez, dont il ait les ames. Desquels et de leur royaulme nous par la grâce divine sommes fils vray successeur et

et appelait dérisoirement roi de Bourges le dauphin Charles,
qui venait de succéder à son père (1423); son règne, en effet,
allait s'ouvrir par un triste début, mais pour se relever ensuite
d'une manière éclatante, grâce aux secrets desseins de la Pro-
vidence, qui ne pouvait laisser la France devenir anglaise.
Quelque temps auparavant, Charles VI avait encore accordé
des lettres-patentes « à ses bons vrays et loyaulx de la ville de
Chaalons », pour rendre un nouvel hommage à leur ferme
conduite en faveur des Bourguignons; dans cette pièce, le roi
parle des maux soufferts par notre ville, qui se trouvait ré-

légitime héritier. Toutes fois voyons une entre autres choses nous donner
joye et singulière complaisance que nous sentons vos loyaulx.........
estre entièrement affectés ès nous, et voulons garder et entretenir les
sentiments que avez faict en la sainte et fructueuse paix des deux
royaulmes de France et d'Angleterre qui fut conclue et jurée par nosdits
très chiers seigneurs et père du conseil et assentiment des seigneurs de
leur sang et lignage, de leurs prelats, barons et nobles, de vous et des
aultres bons bourgeois et habitants des bonnes villes et semblablement
des trois estats desdicts royaulmes. Laquelle paix vous avez observée
et entretenue jusques à présent en gardant fermement, sans aucune va-
riacion vos serments et vos loyaultés, dont nous rendons grâces à nostre
créateur, vous en faisant très grant joie et sommes bien contents de
vous en vous signiffiant que nous, qui sommes procréés des deux maisons souveraines de France et d'Angleterre et vray héritier et successeur
desdicts royaulmes comme vous savez, aurons tant comme Dieu nous
donnera vie, propos, désir et voulonté de vous aimer, garder et
deffendre et tenir en bonne paix, justice et seureté, moyennant la grace
de notre créateur et à l'aide et bonne diligence de nos parents, amis,
subjects de l'un et l'autre royaulmes. Lesquels pour amour et honneur
de nous et utilité de la chose publique suppleeront nostre jeune aage et
de nos affaires prendront pour nous la charge de bonne voulonté.
Pourquoy nos très chiers et bien amez, nous, qui singulièrement dé-
sirons vostre paix et salut comme de nos vrays et loyaulx subjects, vous
prions et requerrons, et néanmoins mandons et commandons sur la foy

duite à douze cents feux taillables, au lieu de deux mille cinq cents qu'elle comptait avant les guerres, et de la triste position où elle se voyait, entourée par les troupes du dauphin, que commandait le sire d'Estissac, « de façon qu'on contempt, » en dépit de ce qu'ils nous obéissent, dit la charte, on ne » pouvoit ni entrer, ni sortir de Chaalons, sans être pris, » rançonné ou tué, aussy ceste ville étoit-elle moult dépopulée » et une grande partie vague et inhabitée par grande mortalité » et le fait des guerres » (23 juillet 1421). Par ces motifs, Charles VI, pour créer de nouvelles ressources, augmentait les octrois sur les vins; mais toutes ces mesures étaient inefficaces. La puissance des Anglais croissait chaque jour. Vitry était brûlé, Sézanne pris, Epernay et Vertus étaient également tombés entre leurs mains, après des siéges assez longs; Châlons dut subir à son tour le joug de l'ennemi et reconnaître Henri VI, qui se hâta de faire preuve d'autorité en confirmant les droits d'octroi de la ville, précédemment fixés par Charles VII (5 novembre 1428) (1). Le moment approchait cependant où tout devait changer de face : Jeanne-d'Arc, animée d'un saint enthousiasme, avait rejoint les troupes françaises et proposé

et loyaulté que devez avoir à nous et à notre couronne de France et par le serment que avez faict à Dieu et à nos très chiers seigneurs et père dessus dicts de garder et observer ladicte paix et de obéir à nous après leur décès, que ycelle paix vous soutiendrez et persévererez loyaulment et constamment, comme faire devez, etc., etc.

Donné en nostre grant conseil, à Paris, le xxvIII^{me} jour de novembre de l'an de grâce mil quatre cent et vingt-deux, et de notre règne le premier.

Par le roy, à la relacion de monseigneur le régent le royaulme de France, duc de Bedfort, signé Bordeaux.

(1) Le blocus de Châlons par les troupes anglaises était si complet, qu'en 1426, les chanoines délégués pour assister aux Etats-Généraux ne purent sortir de la ville pour s'y rendre.

au roi Charles de le conduire de Chinon à Reims (1). La levée
du siége d'Orléans avait prouvé la vérité de sa mission, et
l'armée royale marcha sur la Champagne (1429). Les Anglais
se retirèrent en laissant le pays libre, et Charles reçut d'abord
la soumission de Troyes; il prit ensuite la route de Châlons,
qui se préparait à le recevoir avec pompe. Les seigneurs et
les députés de la bourgeoisie, ayant à leur tête l'évêque Jean
de Sarrebruck, se rendirent au-devant du roi, le joignirent à
Lestrée, et se hâtèrent de faire leur soumission en avouant
leurs fautes et lui remettant les clefs de la ville (13 juillet).
Charles les accueillit avec bonté et leur dit qu'il les recevait en
sa pleine obéissance et les absolvait du passé (2). Son entrée à

(1) J'ai trouvé, dans le grand registre du bureau des finances de
Châlons, années 1728 à 1734, la généalogie de Joseph Le Picard du Lys,
écuyer, seigneur de Fulaine, marié à dame Nicolle, fille de François
d'Arbaumont, conseiller du roi, prévôt et président en la prévôté de
Vaucouleurs, laquelle fut présentée et légalisée par monseigneur
Larcher, intendant de Champagne, au mois de mai 1699. Voici la
filiation : Jean d'Arc du Lys, fils de Jacques d'Arc et d'Isabelle, et
frère de Jeanne, la Pucelle d'Orléans, annobli par titres royaux de décembre 1429, fut trisaïeul de Claude d'Arc du Lys, qui n'eut que des
filles, et dont l'une, Elisabeth, épousa Jean Le Picard, d'où Joseph Le
Picard du Lys, cité plus haut, qui avait eu de son mariage un fils et une
fille en 1699. (Archives de la préfecture.)

(2) Voici les lettres patentes accordées à ce sujet par Charles VII aux
Châlonnais et datées de Lestrée :

Charles par la grâce de Dieu, roi de France, savoir faisons à tous présent et avenir, que comme en faisant notre present voyage en la cité de
Reims pour illes recevoir notre sacre et couronnement. Nos bien amez
les gens d'église, bourgeois et habitans de la ville et cité de Chaalons
ayant envoyé solennelment et en toute reverence au devant de nous,
jusque en ceste ville de Lettree aucuns leurs notables députez qui pour
eulx et de par eulx en nous recongnoissant comme faire doivent leur
seigneur souverain, nous ont en toute humilité fait et rendu plaine

Châlons fut un véritable triomphe au milieu d'un concours immense de peuple. Le lendemain les délégués des bourgeois écrivirent aux Rémois qu'ils eussent à se préparer à leur tour à faire honneur au roi de France, « qui est doux, gratieux » *(sic)*, piteux, miséricordieux, belle personne, de beau main-

obeissance ; nous supplians et requerans que les choses aucunes et passées au regard d'eulx à cause des divisions qui ont esté longuement et encore sont en cestui nostre royaume pour lesquelles et pour la salvacion de leurs corps et biens leur a couvenu adhérer et converser tant avecques les Bourguignons a nous desobbeissant et aussi avecques les Anglois nos anciens ennemis et leur faire et donner obéissance. Nous plent mettre en obly et tout pardonner et abolir en les recevant et recueillant en nostre bonne grace comme nos vrays et loyaux subgiets et les oster hors de la servitudo de nosdits ennemis. Ausdicts gens d'église, bourgeois et habitants de ladite ville, pals et cité de Chaalons, pour les considéracions que dessus, avons par grant et meure deliberation de conseil de nostre certaine science, autorité royal et grace espécial, quitte, pardonne et aboly, quittons, pardonnons et abolissons par ces présentes et à chacun d'eulx qui fera le serment de nous estre desormais vray subgiet et obéissant, tous cas, crimes, delis et offenses en quoy l'on pourroit dire eulx ou aucun d'eulx avoir offensé ou delinqué envers nous, nostre majesté et couronne aux causes que dessus et en deppendent tant en matière de guerre que autrement en quelque manière que ce soit. Toutes lesquelles choses nous avons adnullées et abolies, adnullons et abolissons et voulons estre dictes et réputées comme non avenues, et que lesdits de Chaalons jouissent des honneurs, franchises, libertés et prérogatives dont paravant ces choses avoient accoustumé de joir, et aussi de leurs biens, héritages et possessions, meubles et immeubles estant en nature de chose. Non obstant quelconques dons que en pourrions avoir faits et les explois qui s'en seroient ensuivis que revoquons et adnullons par ces dictes présentes. Et surtout imposons silence à nostre procureur et à tous autres nos officiers et ne voulons pas que à l'occasion des choses dessus dictes aucune chose leur soit ou à leurs successeurs au temps avenir reprouché ou imputé contre leur honneur, mais voulons et ordonnons ceulx qui ce feroient estre contraints à le réparer et amender

» tien et hault entendement. » Charles quitta Châlons le 15,
après y avoir installé Denis de Chailly, un de ses chambellans,
comme capitaine royal (1) , se rendit à Sept-Saulx et entra le
16 à Reims; il fut sacré le lendemain.

Quelques jours après, les Anglais, qui voyaient le pays leur
échapper, se réunirent pour attaquer encore une fois Châlons;
ils escaladèrent les remparts près du couvent des Cordeliers,

par voie de justice. Si donnons en mandement par ces dictes présentes
à nos amez et feaux les gens de nostre parlement, aux batllis de Vermandois et de Vitry et à tous nos autres justiciers et officiers ou à leurs
lieuxtenans présents et à venir et à chacun deulx si comme à lui appar-
tiendra que de nostre présente grace, quittance, octroy, pardon et
abolicion et de toutes les autres choses devant dictes faient et souffrent
lesdits gens d'église, bourgeois et habitants de ladicte ville, cité et païs
de Chaalons et chacun d'eulx joir et user plainement et paisiblement par
la manière qui dit est, sans les travailler ou empeschier ores ne ou temps
à venir, ni souffrir estre travailliez ou empeschiez en aucune manière au
contraire. Et afin que ce soit chose ferme et estable à tousiours, nous
avons fait mettre nostre scel à ces dictes présentes, au vidimus desquelles
fait soubs scel royal ou autre scel autentique, voulons plaine foy estre
adioustée comme à l'original et que d'icelui vidimus ung chacun à qui ce
pourra toucher se puisse aidier comme de l'original. Donné à Leitrée le
xiii° jour de juillet, l'an de grâce mil quatre cent et vingt-neuf, et de
nostre règne le septième. — Par le roy en son conseil. — Bude, avec
paraphe. (Arch. de l'hôtel de ville).

(1) Denis de Chailly, chambellan du roi, capitaine de Châlons, 20
juillet 1429-1430.

Eustache de Conflans, capitaine, 18 octobre 1430-1437.

Jean de Versailles, capitaine, 10 mars 1437-1468.

Guillaume de Coquilleray, capitaine, 11 mai 1468-1492. (Archives
de la ville.)

Avant la création de cette charge par le roi, les habitants de Châlons
se choisissaient eux-mêmes des capitaines; c'est ainsi que l'on trouve
Henri de Bar (1357), Pierre de Bar (1358), de Saulx (1359), Eustache
de Conflans, remplacé par Pierre de Beauffremont, grand prieur de

à la porte du Jard, et pénétrèrent en ville. Mais Eustache de Conflans les chargea si vigoureusement avec quelques troupes, qu'ils durent se retirer dans le plus grand désordre (12 août) (1). De Barbazan, gouverneur de la Champagne, profita de cette circonstance pour faire travailler aux fortifications et donner un subside au roi qui avait grandement besoin d'argent (2); quelques bourgeois ayant refusé de se soumettre à cette contribution, Barbazan les fit jeter en prison et les força de payer au double. L'année suivante, les ennemis firent un dernier effort en Champagne; les troupes anglaises, réunies à quelques compagnies bourguignones, formant en tout une division de huit mille hommes, marchèrent de nouveau

France. En août 1417, celui-ci fut remplacé lui-même par Philbert de Malinet, par ordre de Jean de Neufchatel, capitaine-général au duché de Bourgogne (7 octobre 1417); Huguenin de Germiny lui fut adjoint comme lieutenant.

Le capitaine pour le roi jurait, en présence du seigneur temporel de la ville : « De bien et loyalement garder, gouverner et maintenir le fait et charge de ladite cappitainerie, de veiller sur les seigneurs, bourgeois et » manants et leurs biens, deffendre leur liberté, et enfin faire tout ce » qu'un bon et loyal cappitaine doit faire. » (Conclusion de ville du 8 décembre 1429.)

Plus tard on lui reconnut le droit d'emprisonner les habitants manquant à la garde des prisons, la haute main sur la garde des clefs de la ville, sur le guet, les fortifications, etc. Cette charge fut supprimée par arrêt du 17 décembre 1595; le dernier titulaire fut le sieur de Champagne de Saint-Mard.

(1) En mémoire de ce fait, une procession avait lieu le premier dimanche après la sainte Claire (12 août), pour remercier Dieu; tout le clergé et le présidial y assistaient, et l'on se rendait de la cathédrale à l'église des Cordeliers, où la messe se célébrait.

(2) Barbazan était de la famille des Faudoas, de Gascogne; on l'avait surnommé le *chevalier sans reproche*; il fut tué en 1431 à la bataille de Bullégneville.

sur Châlons. Barbazan, secondé par Eustache de Conflans, le sieur du Martel, Jean de Versailles et Bours de Vignole, frère de La Hire, parvint à réunir quatre mille hommes et se hâta de prévenir les Anglais en allant au-devant d'eux les attaquer au village de la Croisette, près de Lépine, où ils s'étaient fortement retranchés. Le combat fut long et acharné, mais se termina par une déroute complète des troupes anglo-bourguignonnes, qui laissèrent un grand nombre de morts et six cents prisonniers, tandis que la colonne française ne comptait qu'une centaine de morts (1). Cette bataille eut une grande influence sur les suites de la guerre : peu après Barbazan s'empara du Mont-Aimé, dont le château fut détruit, et d'Anglure, où commandait le comte d'Arundel. Les Anglais se voyaient enlever chaque jour une de leurs conquêtes, sans pouvoir trouver de nouveaux appuis, car déjà le duc de Bourgogne commençait à se montrer moins hostile contre le roi Charles. Pourtant Epernay tomba encore en leur pouvoir au commencement de 1432, Charles VII se hâta d'y envoyer une armée pour le reprendre, mais le siège se prolongeant, il fallut demander aux Châlonnais de nouvelles preuves de leur générosité pour la cause royale ; le chapitre à lui seul donna cent saluts d'or (1435), et deux ans après, on le voit encore faisant au roi un don de deux cents vingt-deux saluts. Ce fut en cette même année que Jean de Versailles, capitaine de Châlons, et Guillaume Noisette, son lieutenant, menèrent au camp devant Montereau quatre compagnies pour renforcer l'armée de Charles VII, « lesquels ont bien et diligemment servy audit » siège et y travaillé grandement, tout ainsi qu'il leur a esté » ordonné par l'espace de sept semaines et plus » (2). C'est

(1) Mémoires de dom François.

(2) Jean de Versailles avait mené avec lui une compagnie de cent

souvenir de ce fait que fut instituée à ce moment même la compagnie de l'Arquebuse de notre ville, comme je l'ai fait voir dans une notice, il y a quelques mois (1).

Châlons, pendant ce temps, demeurait tranquille, ne voyant plus enfin les ennemis bloquer ses portes et lui fermer tout commerce. Les habitants surent cependant persévérer dans leurs énergiques dispositions, et j'ai trouvé une conclusion de ville, du 14 juin 1434, par laquelle on décidait que, malgré les vendanges, il ne fallait pas « s'arrentir aux ennemys du » roy pour avoir une trève, mais continuer la guerre et fournir » à ses frais en livrant deniers sur les portes et châteaux de » Châlons » (2). Mais leur courage heureusement ne devait plus être éprouvé dans ce moment.

dix-huit arbalétriers, une de pavoiseurs ou conducteurs de vivres, une de coulevriniers et une d'ouvriers divers.

(1) Charte du roi, du 17 octobre 1437. Voyez *Histoire de la compagnie de l'Arquebuse de Châlons*, dans le numéro du *Journal de la Marne*, du 2 février 1851.

(2) Archives de la ville. — Avant de finir cet article, je veux signaler quelques pièces d'intérêt général qui se trouvent dans les archives de l'hôtel de ville et relatives à cette curieuse époque. Ce sont d'abord de nombreuses lettres royales adressées en circulaires par les rois Charles V, Charles VI, Charles VII, Henri d'Angleterre et Isabelle, reine-régente, Mais j'en ai vu trois surtout qui sont du plus haut intérêt : la lettre d'Isabelle, comme régente, en date du 30 janvier 1417, sur la déclaration par elle faite sur la cause de son avènement au pouvoir, que le duc de Bourgogne doit la remplacer au besoin, et où elle explique ses motifs de haine contre les d'Armagnac; celles par lesquelles elle transfère le Parlement de Paris à Troyes (1417); celles du roi Charles au sujet de la paix et du mariage de sa fille avec le roi d'Angleterre; enfin les pourparlers entre les gens du roi et ceux du duc de Bourgogne pour l'établissement d'une trève (8 septembre 1421). Il serait bien à souhaiter que toutes ces pièces fussent classées et cataloguées de manière à y permettre les recherches; ce qui, en ce moment, est un travail pénible et difficile.

Les affaires changeaient heureusement de face, et Charles VII voyait son trône se raffermir de jour en jour. Les Anglais tentèrent d'obtenir une paix copiée sur celle de Troyes, mais on refusa de souscrire une seconde fois à des conditions aussi humiliantes. Le duc de Bourgogne alors entama à son tour des négociations avec le roi : les Bourguignons se sentaient profondément humiliés de l'entrée des Anglais en France, et pleins de regrets de s'être alliés à ces orgueilleux ennemis qui, sans eux, n'auraient pas avancé d'un pas. Philippe III cependant hésitait à violer les serments qui l'unissaient à la couronne d'Angleterre, mais enfin il céda et signa le traité d'Arras (21 septembre 1435). Cette nouvelle répandit une joie profonde dans toute la France ; les luttes civiles étaient terminées et l'on allait s'unir pour repousser l'étranger. Les hostilités se continuèrent encore longtemps, mais toujours avec succès pour nos armées ; la bataille de Castillon, où Talbot fut tué avec la moitié de son armée (1453), mit fin à cette guerre qui n'avait pas duré moins de cent dix ans.

Châlons, T. Martin, imprimeur.

9 782016 125281